RAPHAEL GUILLARD

DEUXIÈME PASSAGE

Et si on revenait ?

Tous les personnages (noms, surnoms,
descriptions,
fonctions, etc.…) mis en scène dans cet
ouvrage sont
entièrement fictifs. Toute ressemblance
avec des
personnes existantes ou disparues ne
peut être que
pure coïncidence.

« Je tiens à signaler que mes propos sur le sujet de la vie après la mort proviennent uniquement de mon imagination, je n'ai jamais rencontré de voyant et je n'inçite pas à cela »

Chapitre 1 : Premier passage

Le compte à rebours du film de ma vie a commencé. Enfin disons que je suis à la moitié déjà, ah mais non il va s'achever en fait, mais stop ! Non rien à faire le bouton pause n'existe pas, excepté pour prendre une photo. C'est bien le seul souvenir immortel qui restera figé, et peut-être aussi mes peintures et mes écrits... Je n'en reviens pas comme le temps a défilé. j'ai peur, mais ça sert à quoi ? Puisque c'est comme ça, c'est la vie et je ne peux rien changer, je suis piégé, enfermé, condamné à accepter la mort qui arrivera tôt où tard. Dans cette attente, je dois supporter la mentalité superficielle des gens, accepter ma solitude qui en découle, alors qu'on devrait tous se rapprocher au plus vite avant le néant..

- « C'est l'an 2000 : j'ai déjà 40 ans et je n'ai rien vu.. enfin à une exception près et de taille : l'école.
depuis ma naissance et jusqu'à 18 ans ça sera l'enfermement, un tourbillon sans fin où je n'ai

pas le temps de réfléchir, il faut obligatoirement suivre le mouvement, et évoluer entouré de gens pas toujours attentionnés. En fait, il n'y a pas de regrets à avoir, même si je n'ai rien appris. Ah si pardon : la vie des Mérovingiens concernant l'histoire, la vie des fougères en Sciences Naturelle, l'univers a été formé par les atômes en Sciences Physiques, les racines carrées en Mathématiques, mais le pire n'était pas encore là.. non les pires souvenirs sont encore plus anciens : en ce1, ce2, cm1,cm2. En effet, moi je pensais à l'âge de 8 ans aller à l'école pour juste apprendre à lire et écrire.

Mais non il fallait aussi nous montrer des films d'horreurs !

Dur souvenir lors de l'épisode des diapositives exposant des photos choquantes conernant des Éthiopiens scqueletiques accompagnés d'un médecin afin de nous détailler leurs maladies. Je vomissais de façon régulières, mais aucune remise en question des professeurs. Les séances diapos d'horreurs continuaient chaque semaine. Non c'est vrai, tout est normal, à 8 ans c'est l'âge de connaître ce sujet, c'est même essentiel non ?

Ensuite de 11 à 18 ans, il fallait supporter les élèves. Naïvement je pensais à une solidarité et entraide entre jeunes puisque personne n'aimait l'école. Non mais ça c'était dans ma logique étriquée apparement, oui j'ai appris tout petit que la nature humaine n'était pas très attachante. Se battre, s'ignorer, s'insulter, c'est donc ça les humains ?

Avec les filles en classe, là aussi j'ai vite déchanté. Mais il est vrai, avec mon tempérament réservé, les contacts restaient difficiles. À 12 ans, au collège je me souviens de Véronique. Une obsession. Mais hélas, incapable de faire quoi que ce soit, trop jeune, trop émotif, trop fermé. Puis vient le lycée, si tu n'es pas un meneur violent rebelle qui prend des heures de colle et qui insulte le prof, tu peux éventuellement intéresser une femme, Si non tu n'es pas respecté et pas respectable, ou tu as une grande gueule ou tu es transparent, le juste milieu n'existe pas.

De toute façon je m'en foutais, ma seule envie : partir, fuir, regarder ma montre et attendre que ça passe, et sortir au plus vite. Et puis je me disais les femmes, j'ai toute ma vie pour en rencontrer... enfin ça, c'est ce que je me disais à cette époque.. Quand a 18 ans je sors de cette prison, la vrai vie commence. Faire ce qui me plait. Mais prendre du plaisir à un prix : le temps passe deux fois plus vite..

Je deviens artiste peintre. Je me réfugie dans un monde artistique, je peins des paysages qui me permettent de m'évader, de rêver. Puis prendre le temps, d'organiser me horaires, ne plus être dépendant, ne plus avoir de comptes à rendre, c'est la liberté, mais elle passe trop vite. Les années passent, j'ai pas le temps de douter, d'avoir des regrets, je veux réussir mon avenir.

J'ai déjà 60 ans. Suite à l'héritage d'une maison ancienne de mes parents disparus, je vis maintenant seul sur Lyon, dans le quartier de la Croix-Rousse où j'expose régulièrement mes toîles autour de la statue Jaquard sur la place du quartier, mais dur de gagner sa vie avec son art. Je me remémore mes souvenirs dans les différentes chambres, le grand grenier avec ses poutres et vélux, puis le grand jardin, avec son lilas, cerisier, noisettier, l'endroit qui me faisait respirer après l'école.

Les invitations sont rares, la solitude est devenue mon amie quotidienne et sans espoir de sortie pour l'avenir d'une vie en couple qui ne peut commencer. L'époque de la communication par écran n'a pas aidé pour donner la confiance. La parano a pris le dessus. Délire et passe-temps sont majoritaires. Approfondire pour me connaître n'intéresse personne, ou alors juste pour combler une période d'une femme en déprime qui aura besoin de se confier virtuellement, mais qui me zappera sans ménagement quand elle retrouvera le sourire..

L'été, je me repasse les films de vacances avec mes parents, pour voir la mer. J'ai toujours rêvé de vivre dans un endroit tout près de la plage.. et c'est à ce moment-là que la solitude a ses limites : Aucune envie de partir en voyage seul, trop triste de partager une escale avec soi-même.

Je n'ai plus le temps de rencontrer le véritable amour, c'est déjà fini.. pourtant on m'avait dit souvent que j'avais toute ma vie devant moi pour rencontrer quelqu'un de bien, mais le temps lui, n'a pas attendu.

Arrivé déjà à l'âge de 80 ans, je m'endors en rêvant que je suis enfin en couple, c'est si réel, bien plus que l'illusion de la vie, en effet la conscience du temps et de notre existence n'existent pas dans le rêve. Une fois réveillé on prend conscience de notre être, de notre corps, mais une fois endormis, nous ne sommes plus, nous laissons l'inconcscient, l'âme, nous remplacés.

Raphaël ne se réveillera pas de son rêve. Quelle belle mort de s'éteindre dans son sommeil, il ne s'est rendu compte de rien. il n'a pas eu la conscience de son être. Avant que son cœur ne s'arrête, Il rêvait qu'il vivait en couple une expérience jamais vécue. Tout était précis, il

habitait une grande maison face
à la mer, ce qu'il a toujours rêvé
de son vivant..

Chapitre 2 : Une autre vie

5 Septembre 2070 : Marseille, quartier très chic de la corniche. Rodolphe a 30 ans. Ce grand brun imposant et sûr de lui, vit avec Véronique depuis maintenant 10 ans, un amour de lycée. Une grande brune de 33 ans au visage poupin que couvre ses longs cheveux bouclés. Ils ont deux enfants : Ambre et Alexandre. 11 ans et 13 ans. Il ne partage pas la même

conception que sa femme concernant leur éducation. En effet, d'après lui il préfère qu'ils apprennent seuls la vie afin de se responsabiliser. Interdire ne sert à rien puisqu'ils feront toujours le contraire, pour lui les erreurs font avancer et restent un mal pour un bien. Mais pour Véronique, cette mentalité reste un prétexte pour son mari épris de liberté pour fuir ses responsabilités.

En effet, pour Rodolphe, son métier passe avant tout. Ce chef d'entreprise dirige une société multimédia, avec une centaine d'employés à son service. Il crée des « assistants informatique », des robots au service de l'être humain. Une grande évolution depuis la disparition des logiciels datant des années 90. Plein d'imagination, il réussit toujours à créer de nouveaux projets avec les nouvelles technologies informatiques du moment. Depuis maintenant 5 ans, il à été le créateur de nombreux projets pour faciliter le quotidien des gens. Les robots assistants qu'il a pu vendre lui ont permis de gagner confortablement sa vie.

Il a pu s'offrir sa grande maison ultra moderne, avec baies vitrées sur terrasse donnant sur mer, comportant plusieurs étages dont l'un avec une salle de jeux, cinéma, piscine, jaccuzi. Voyages en famille en voiture de luxe, tout lui sourit. En ce moment, il travaille sur un projet de retranscription vocale de tous les messages venant des réseaux sociaux. L'utilisateur n'aura donc plus à se connecter sur twitter, facebook ou instagram pour lire leurs messages, ceux-ci seront donnés vocalement en temps réel directement sur l'ordinateur.

Il doit d'ailleurs présenter son nouveau projet ce jour pour une grande entreprise sur Lyon. Il ne connaît pas cette ville. Il partira seul. Véronique restera avec les enfants.

Après 3 heures de route sans s'arrêter, il sort de l'autoroute, passe par la Guillotière, et aperçoit la cathédrale de Fourvière perchée sur sa colline. Il continue son chemin, sans se perdre, lui qui n'a pourtant pas vraiment le sens de l'orientation, monte directement sur la Croix-rousse. Un quartier bohème de Lyon où il à prévu de dormir à l'hôtel pour une semaine sur le boulevard. Pourquoi il dormira à cet endroit ? En fait c'est par hasard, car son rendez-vous pour présenter son projet se trouve à la Part-Dieu où se trouve les plus grandes entreprises.

Il arrive et se gare près de l'école des Chartreux. Il sort de sa voiture, et sans vraiment savoir pourquoi, il se dirige devant l'église Saint Bruno, cette vieille bâtisse aux tons ocres entourée de ses platanes lui rappellent une ambiance.. il ressent même une odeur d'autrefois, bizarre. Il ne sait pas pourquoi ce lieu l'attire. Depuis son arrivée, une impression envahissante, inexplicable le submerge, une sensation de déjà vécu. Il à même le souvenir de Véronique devant l'école.
Il connaît cet endroit, mais pourtant il n'y a jamais mis les

pieds.

Psychlogiquement déstabilisé, il
ira à son hotel, téléphonera à
Véronique pour lui annoncer
son arrivée, mais cachant sa
déstabilisation actuelle, et ne
voulant pas l'inquiéter. Il n'a pas
envie de passer pour un fou..

Chapitre 3 : La démarche paranormale

6 Septembre 2070 : Suite à une nuit agitée par son trouble psychologique, Rodolphe décide d'aller prendre l'air et de marcher pour découvrir le quartier.

Longeant le Boulevard, il reconnaît la place Croix-Rousse

avec sa statue Jaquard, des peintres exposent leurs toîles. De plus en plus étrange.. comment reconnaître une place alors que c'est la première fois de sa vie qu'il l'a voit ? Ça ne tient pas debout. Cette situation inédite commence sérieusement à lui faire peur. Il a besoin d'en parler, mais à qui ? Il ne connaît personne ici.. voir un psychologue serait alors la seule solution.

De retour à son l'hôtel, il téléphone, et prend rendez-vous avec un spécialiste qui le reçevra en fin de journée dans son cabinet près du boulevard.

Mais il sortira déçu de la séance. Il a eu à faire à un homme âgé qui ne l'a pas pris au sérieux, il a même rigolé, puis lui a dit que cette confusion de l'esprit était due à la fatigue. Pour Rodolphe, c'est pourtant bien plus profond qu'un problème de confusion. Il ressent un immense attachement à ce quartier, les rues lui semblent si familières, mais rien à faire il n'arrive pas à trouver une explication rationnelle. Il retourne dans sa chambre avec la même obsession.

Ne croyant pourtant pas aux phénomènes paranormaux, il se plonge pourtant dans ce domaine en regardant sur son téléphone les cabinets de voyance existants sur Lyon. Après avoir zappé les blogs de charlatans qui parlent de magie noire et de guérir les maladies incurables, il tombe sur un blog convaincant se présentant ainsi:

Le blog de Myriam Bichard :

« Qui suis-je ? J'ai 65 ans, j'ai consacrée toute ma vie à rassurer mes patients. Depuis l'enfance, j'ai le don de capter les vibrations de chacun d'entre nous. Je suis à l'écoute pour vous guider dans votre cheminement spirituel et j'aide ceux qui veulent connaître leurs

vies antérieures, avec une
méthode de conscience
modifiée qui pourra vous
permettre de mieux vivre votre
vie actuelle sans bloquage, car
connaître votre passé enfoui,
vous sera utile pour comprendre
vos phobies, vos angoisses, et
vous seront bénéfiques pour
mieux vous connaître.
Payement libre. »

En effet, cette lecture le rassure,
car c'est la seule qui ne déclare
pas pouvoir parler aux défunts,
et qui ne se prend pas pour un
prophète ! De plus en précisant
que le payement est libre, et ne
proposant pas non plus de livres
à vendre, il ne sent pas

d'arnaque, elle paraît sérieuse. De toute façon il ne croit pas en la voyance, il a surtout envie de se confier, et est curieux de savoir d'ou vient son impression de déjà vu..

Son obsession mentale lui fera perdre la notion du temps et même du but premier de sa venue. En effet, il en a oublié le rendez-vous pour son projet, et veut prolonger son séjour sur Lyon. Il s'y sent bien et n'a pas envie de retourner sur Marseille. Il en a d'ailleurs parler à Véronique. Il vante le patrimoine culturel de la ville, son architecture, sa gastronomie, sa lumière, son ambiance mystique et religieuse..

Au téléphone, Véronique ne le reconnaît plus, d'habitude peu sensible sur tout ces sujets, elle est surprise de ce changement soudain de sa personnalité.

Chapitre 4 : Le premier rendez-vous

7 Septembre 2070 : C'est décidé il va se rendre au cabinet de Myriam Bichard. Son âge avancé, synonyme d'expérience, son annonce l'ont convaincu à franchir le premier pas. Après avoir pris rendez-vous, il se dirige dans le centre-ville, traversera la place Bellecour, où là aussi, il ne ressentira pas la sensation de découverte, mais une impression d'habitude, comme si il avait traversé cette

place des milliers de fois.

Il pénètre dans un vieil immeuble, sonne à l'interphone, monte le premier étage, frappe à la porte.
Une vieille voix lui demande d'entrer. Il se trouve face à Myriam Bichard. Celle-ci, de corpulence fine, élancée et distinguée, elle ne représente pas la caricature de la voyante munie de sa boule de cristal.

Elle lui demande d'une voix rassurante la raison de sa venue. Rodolphe réservé mais détendu se lance :

- « Bonjour Madame, je viens

de Marseille mais je suis de passage sur Lyon pour affaires. En fait dès que j'ai quitté l'autoroute j'ai vu la cathédrale de Fourvière comme si je l'avais toujours connu à cet endroit. Puis sans me poser de questions je suis monté à la Croix-Rousse, et me suis dirigé devant l'école des Chartreux en bas du boulevard. Je suis resté planter devant sans savoir pourquoi. J'ai même visualisé ma femme qui m'attendait devant ».

- « Vous êtes en couple ? »

- « Oui ma femme Véronique est restée avec mes enfants sur Marseille »

- « Vous l'avez rencontrée au cours de vos études ? »

- « En effet, je l'ai connue au lycée »

- « Oui vous avez sans doute vécu une vie antérieure sur Lyon, c'est peu commun, vous avez ce don de ressentir celà en vous. Conçernant l'école des Chartreux, je pense que vous avez du suivre une scolarité dans cet établissement, mais il faut vous hypnotiser pour en être sûr.. »

Suite à cette réponse, Rodolphe posera de nombreuses questions sur le sujet où il sera totalement envouté par les réponses que donnera avec aisance et naturel cette voyante mystérieuse..

- « Mais comment vous expliquez cela ? »

- « Vous savez tout à une logique dans la vie : si vous êtes riche, c'est que vous étiez pauvre dans une vie antérieure, si vous avez réussi votre vie amoureuse c'est que vous l'avez raté dans votre ancienne vie. En fait tout ce que vous avez manqué, vous le rattrapez dans cette vie maintenant. Tant que vous ne connaitrez pas toutes les souffrances et toute les joies, vous ne serez pas admis au paradis. Votre âme sera matérialisée dans un nouveau corps à chaque fois, si vous ne réussissez pas votre vie sur terre. Si vous avez été mauvais dans un domaine vous reviendrez pour qu'il soit parfait, une fois que vous aurez atteint la perfection dans tous les sujets de la vie terrestre, votre accès à la vie céleste supérieure seras admis par le créateur. Tous les regrets de la vie restent une foutaise. On pense regretter des choses que l'on a faites ou pas faites mais comme on revient à chaque fois sur terre pour se corriger, tout se résoud. Il s'agit du même phénomène qu'un redoublement, si vous voulez. Vous imaginez bien que vous n'êtes pas à votre première vie, tout ceci serait bien trop simple.

D'ailleurs on a tous des souvenirs enfouis, sur n'importe quels sujets de la vie : Prenez par exemple la mer. Moi lorsque j'ai découvert ce paysage la première fois dans ma vie, celà me rappellait quelque chose.. mais je ne me souviens évidemment pas où, quand et comment.. ».

Chapitre 5 : La discussion surnaturelle

- « Concernant les rêves qu'en pensez vous? »

- « La plupart des scènes révées sont des situations déjà vécues qui ressurgissent la nuit, parfois vous rêvez de personnes que vous connaissez dans cette vie actuelle, mais d'autres fois, ce sont des inconnus que vous pensez ne pas connaître mais qui ont joué un rôle dans vos vies précédentes. »

- « Et les expériences de mort imminente ça vous inspire quoi? »

- « Ceux qui ont vécu ces expériences sont dans le coma et donc se trouvent en état de conscience modifiée. La décorporation du corps est possible dans des méditations poussées, ils peuvent également dans ce cas précis, voir le tunnel de lumière et des personnes décédées de leur famille »

- « En ce qui concerne les rencontres, vous pensez qu'il n'y a pas de hasard? »

« Bien sûr que non, d'ailleurs ne dit on pas : « on voit tout sur le visage des gens. »

Moi par exemple mon meilleur ami, lors de notre première rencontre, je me suis dis : « tiens il a une bonne bouille, et doit être sympa » Les affinités sont en fait programmées en nous, il n'y a pas de hasard des amitiés ou des amours, sinon tout le monde s'entendrait. Tous les gens avec lesquels nous ressentons une affinité, ont pu être rencontrés dans une vie antérieure, ils se retrouvent sur terre comme ils se retrouveront après. Tout se suit vous savez. »

- « Mais vous ne croyez pas du tout au hasard dans la vie ? »

- « Absolument pas, pourquoi quelqu'un aurait un don pour une chose, un autre pour autre chose. Pourquoi une personne réussirait elle plus qu'une autre dans le domaine professionnel, ou amoureux ?
Vous pensez vraiment que le hasard va distribuer un destin pour chacun ? Tout est en nous, nous avons tous une base de vécu de l'ancien monde et qui fait ce que nous sommes aujourd'hui. Si vous avez par exemple une passion ou un don pour l'art, ç'est une base venant

d'une vie passée »

De toute façon, tout le monde réussira dans tous les domaines, et c'est pour cette raison que le créateur donne plusieurs vies à recommencer à chaque fois selon le rythme de chacun. Il est rare qu'une personne réussisse dans tous les secteurs en une seule vie. Parfois, pour certaines, elles ont besoin de 5 vies pour tout réussir et pour d'autres une centaine. De toute façon rien ne presse, notre âme est éternelle, elle a donc le temps pour se matérialiser dans un nouveau corps à chaque fois. »

- « Et le paradis ça évoque quoi pour vous ? »

- « Au paradis, ce sont un regroupement d'âmes qui n'ont plus besoin de se matérialiser dans un corps terrestre car elles ont déjà tout vécu : l'amour, la solitude, la tristesse, la joie, le malheur, la pauvreté, la richesse. Tout ce qui avait à vivre comme sentiments, comme sensations sur la terre. Si vous êtes revenu c'est peut être qu'il manquait quelque chose, il est possible que vous n'ayez pas vécu l'amour dans une ancienne vie par exemple. »

- « D'après-vous, comment

s'occupe-t'on au paradis sans corps ? »

- « On ne raisonne plus en terme d'occupation.C'est la libération du corps, l'âme se déplace par la seule force de la pensée, vous serez un esprit voyageur, vous allez pouvoir bouger à des milliers d'années lumière à une vitesse incroyable, vous baladez sur terre, traversez les murs, et dans tout l'univers. N'ayez pas peur, vous ne serez plus enfermé dans un corps humain, mais libre comme un oiseau.. »

- « Mais que me conseillez vous ? »

- « Je peux vous aider à faire travailler votre mémoire. Faire un travail de régression pour découvrir votre vie antérieure sur Lyon, ça pourrait vous aider pour comprendre ce qui n'allait pas dans votre ancienne vie et ce qu'il manquait pour connaître la raison de votre retour sur terre. »

- « Mais si tout est programmé à l'avance, nous n'avons alors aucun contrôle sur nous-même ? »

- « Si, vous avez le contrôle de votre vie, vos sensations, vos actions. Même si celà reste fictif. C'est du cinéma, votre vie reste superficielle vu qu'elle est en fait sans fin. On a peur d'avoir raté sa vie quand la mort arrive. Mais comme il y a toujours un rattrapage, vous avez une assurance vie si je puis dire ! »

- « Mais qui me dirige ? Un dieu créateur ? »

- « Vous êtes comme un ordinateur. Une fois que votre machine a un virus par exemple, ou un court- circuit, votre matériel est mort. Pourtant quand on ouvre l'appareil, vous pouvez utiliser à nouveau le disque dur à l'intérieur pour l'introduire sur une autre machine et il redémarre. Vous c'est pareil. Une fois mort, votre âme se matériallise à volonté dans un autre corps. Sauf si vous avez tout vécu, mais je doute que ce soit possible. Tout est parfaitement logique, on a tous quelqu'un en dessus de nous qui peut nous diriger comme ont le fait nous-mêmes avec un ordinateur ou autre. Par exemple un animal est en dessus d'un insecte, mais l'homme est en dessus de l'animal, il y a donc forcément quelqu'un en dessus de l'être humain. »

- « Mais quel est le but final, l'intérêt de tout ça? »

- « Vous raisonnez en tant qu'être humain. Toutes les réponses vous seront transmises par la suite, votre esprit est infaillible et éternel. Le néant n'a jamais existé, d'ailleurs quel est l'interêt du néant si il existait ? »

- « Mais à mon tour de vous posez une question : avez-vous une phobie, quelles sont vos angoisses dans votre vie actuelle ? »

- « Ma phobie depuis tout petit concerne le sujet de la médecine, je suis très sensible aux images violentes, et même simplement d'entendre expliquer en détails une maladie. Je fais un malaise à chaque prise de.. enfin vous voyez de quoi je veux parler, je ne peux même pas dire le mot, sinon je ne me sens pas bien, c'est à ce point là.. »

- « Ah oui, vous avez du souffrir de ce sujet dans une vie antérieure pour être si sensible à l'extrême, c'est évident »

Après ce temps de questions-réponses, Rodolphe ne se sent pas très bien et demande un verre d'eau.

- « En effet les questions existentielles nous dépassent tous, et le fait d'en parler peut en effet nous provoquer des angoisses. De toute façon, on va arrêter là cette séance, si vous avez envie de faire le travail pour vous aider à voir plus clair sur vos vies antérieures, grâce à ma méthode d'hypnose de conscience modifiée, rappelez-moi. Cela coûte cents euros la première séance, prévoyez au minimum 1h30, c'est une séance qui peut s'avérer fatiguante, il faut que vous soyez détendu ce jour-là, le stress peut perturber votre mental»

- « D'accord, je vous remercie, je

vais y réfléchir. » en partant, Rodolphe donnera 50 euros et sortira sonné de ce face à face.

Chapitre 6 : La séance d'hypnose

Les jours passent, et Rodolphe n'arrive pas à prendre le recul nécessaire à son ressenti de déjà vu. À chaque balade dans le quartier, cette sensation « d'habitude » l'accompagne, il n'a pas cette impression de découverte qui devrait pourtant avoir lieu lorsque on arrive dans une ville inconnue.

Toujours curieux, il prit donc un nouveau rendez-vous le 10

Septembre, pour sa première séance d'hypnose, dans l'espoir d'en savoir plus.

De retour dans le cabinet de Myriam Bichard, il rentra dans une arrière salle, où tout portent à la relaxation, plantes vertes, bougies. Il s'allongea sur un divan situé au centre de la pièce.

Elle lui expliqua que la démarche de régression peut déboucher aussi sur un accès à l'entre deux vies : l'endroit où se trouve l'âme entre chaque réincarnation..
Ensuite il pourra poser des questions à sa conscience supérieure ou à ses guides

spirituels.

Puis, elle dévoila l'étape de la conscience modifiée :

- « Il faudra être attentif à toutes vos perceptions durant ce long voyage intérieur, je vais vous faire parler, mais vous n'en aurez pas conscience, je vais donc vous enregistrer, vous pourrez donc analyser ce que vous direz ultérieurement. »

La séance commença: elle mit le bruit de la mer en fond sonore. Rodolphe doit maintenant se laisser guider par la seule voix de Miriam Bichard :

- « Je vais vous demander de fermer les yeux, et de lâcher prise complètement. Laissez votre attention se concentrer sur votre corps. Ne faites pas vagabonder votre esprit, concentrez-vous sur un de vos muscles du corps. Prenez une grande respiration, expirez lentement plusieurs fois. Pensez à ce que votre corps libère comme énergie. Vous êtes détendu. Imaginez ressentir quelque chose qui vous détend. Portez maintenant votre attention sur vos muscles de pieds, ils deviennent souples et légers. Maintenant vos mains, vous sentez vos muscles, vous ressentez l'énergie en vous, imaginez vous petit, essayez d'ouvrir les yeux, et refermez les tout de suite pour vous détendre deux fois plus. Vous vous sentez bien, au plus profond de votre relaxation. Profitez de cette état de bien-être qui circule dans tout votre corps. Vous ne ressentez plus votre corps physique, juste votre énergie. Vous vous endormez comme un bébé.Vous respirez toujours profondément, comme le va-et-vient de la mer. Portez votre attention sur le tableau noir de l'école et cette nostalgie du passé. La craie qui glisse entre vos doigts, ressentez cette sensation ancienne.

Vous allez maintenant atteindre la sécurité de votre bien-être, votre moi intérieur, votre subconscient. Laissez vous guider dans ce voyage hors du temps. Laissez-vous envahir par ma voix, laissez-vous porter par cette chaleur en vous. Prenez conscience de toutes les cellules de votre corps. 10 minutes de silence passent. Maintenant, dès que je tape des mains, vous allez ressentir quelque chose d'agréable : Rappelez-vous d'un souvenir récent de cette semaine écoulée qui vous a plu. Revivez ce bon moment. 10 minutes passent. tapage de mains: souvenez vous maintenant d'un souvenir de plusieurs années. 10 minutes passent. Nouveau tapage de mains : Maintenant rappelez vous d'un bon souvenir de votre enfance. 10 minutes passent. Imaginez maintenant descendre un escalier menant à une porte. Allez-y descendez. C'est celle des souvenirs qui vous amènera vers des vies passées. Ouvrez cette porte : des sons, des parfums, des images arrivent. Vous-êtes qui ? »

- « Un adolescent en classe, je suis perdu, je me sens mal, je veux partir »

- « Apercevez-vous votre épouse Véronique dans cette

classe ? »

- « Oui, mais je n'ose pas l'approcher, elle est loin. Je veux sortir de cette classe.»

- « Pourquoi voulez-vous sortir ? »

- « Je vois des squelettes qui m'entourent, je veux fuir. »

- « Très bien, alors retournez vite vers la porte, et remontez les escaliers mais arrêtez-vous à mi-chemin. »

- « Respirez profondément, vous êtes libéré de ses mauvais souvenirs. Prenez la porte à droite qui se trouve au milieu de l'escalier, ouvrez-là. Vous-êtes à la moitié des escaliers, vous êtes à la moitié de votre vie, que faîtes-vous en ce moment ? »

- « Je suis dans un grenier, face à un chevalet, je peins un paysage. »

- « Comment-vous sentez-vous ? »

- « Oui ça va mieux, mais je me sens très seul, je veux partir. »

- « Bon je vais compter de 1 à 10, et vous allez réintégrer dans votre corps physique. »

- « 1,2,3 : Vous sortez et refermez la porte.

4: vous remontez l'escalier

5: les souvenirs vont revenir à votre esprit.

6: Les souvenirs de votre enfance réaparaissent

7 : Un souvenir récent vous revient.

8: votre conscience réintègre votre corps physique.

9: Vous êtes libre de votre corps.

10 : ouvrez les yeux. »

Rodolphe reprend ses esprits, il n'a pas vu le temps passer, il se réveille et raconte avoir fait un rêve, mais ne se souvient pas avoir parlé durant son sommeil.

Myriam lui donne
l'enregistrement afin d'analyser
son expérience.

Pour Myriam c'est très clair, il a
rencontré sa femme dans une
vie passée mais comme il n'a
pas su l'approcher et l'a donc
ratée, il s'est rattrapé dans cette
vie actuelle, car il devait faire sa
vie avec elle, c'était écrit.

Une fois rentré à l'hôtel, il
écoute l'enregistrement de sa
séance d'hypnose. Il ne sait pas
quoi en penser. Est-ce son
imagination ? un
conditionnement mental ? ou a
t-il réellement vécu un retour en
arrière ?

Il appelle Véronique pour la prévenir de son retour le lendemain sur Marseille, mais garde toujours pour lui son aventure vécue dans cette ville de Lyon. Il lui a menti, et expliqua que son projet professionnel lui à été refusé, mais il le présentera dans une autre ville..

Chapitre 7 : Epilogue

11 Septembre 2070 : Rodolphe quitte Lyon, ne sachant plus quoi penser. Il veut continuer sa vie et ne plus se retourner sur lui-même, il préfère laisser son passé derrière lui et ne plus approfondir car cette expérience lui a fait peur. Il ne sait pas si tous ses ressentis viennent de son esprit ou si il existe réellement une dimension

parallèle dans laquelle on pourrait voyager dans nos anciennes vies.

Les interprétations se mélangent selon les interlocuteurs qu'il a croisés : confusion de l'esprit pour un psychologue, et réel ressenti d'un passé déjà vécu selon sa voyante.

La vie avant la vie et la vie après la mort restent un mystère, mais c'est aussi le cerveau qui reste une énigme.

Les souvenirs, la conscience, le conditionnement mental, le voyage de l'âme dans une autre dimension, des domaines sans doute pas assez exploités.

Durant son trajet du retour, Rodolphe pense à tous ces sujets et se remémore son séjour où il a complètement occulté son travail, le trouvant dérisoire face à son expérience.

Arrivé sur Marseille, tout heureux de retrouver Véronique et ses enfants, il se sent mieux, car délivré de ses souvenirs intérieurs du passé. Il ne retournera plus jamais sur Lyon, il y a des endroits qu'il faut savoir cloisonner dans son esprit. Avant de poursuivre sa vie actuelle, il laissera enfoui sa vie passée. Il s'installera sur sa terrasse face à la mer et sortira les photos prises de Lyon et les montrera à Véronique pour voir si elle aussi se souvient...

- « Tiens regarde cette photo, c'est la bâtisse St Bruno, avec l'école des Chartreux, ça te dis quelque chose ? »

« Non, pourquoi ça me dirait quelque chose ? Je n'ai jamais mis les pieds làs-bas »..

FIN